I0815030

NADIE
PUEDE
SALVARTE
EXCEPTO
TÚ

MADAME G. ROUGE

NADIE PUEDE SALVARTE EXCEPTO TÚ

Traducción de
Núria Saurina Eudaldo

El libro para confiar en ti misma

Título original: *Nessuno può salvarti tranne te*

Primera edición: septiembre de 2024

Printed in Colombia – Impreso en Colombia

ISBN: 978-84-02-42992-6

INTRODUCCIÓN

Algunas rupturas te pueden parecer imposibles de superar. Ya sean de amor, de amistad o dentro de la propia familia. Cuando un vínculo queda dañado de manera irreparable, el sufrimiento que se deriva es inmenso, y aceptarlo no resulta nada fácil. Sin embargo, hacerlo es una parte fundamental del camino de curación.

Tienes derecho a sentirte triste y herida, a abrazar estas emociones sin juzgarlas. Expresarlas es un paso importante para que tu corazón recobre la alegría.

Las páginas en blanco que te esperan en este libro son una invitación a comprender y abrazar todos los capítulos de tu vida. Aquí puedes liberarte de la pena que te aflige, y poner por escrito lo que sientes. Es normal tener la necesidad de hablar de lo que te ha hecho sufrir y buscar comprensión y apoyo.

Este es un diario introspectivo, un espacio seguro y privado en el que puedes expresarte y reflexionar sobre tus experiencias. Es un compañero leal que te ofrece la oportunidad de explorar tus pensamientos más profundos sin temor a que te juzguen. Aquí puedes ser libre. Las palabras escritas se convierten en tu voz, y te permiten comunicar lo que podría parecerte difícil de pronunciar en voz alta.

Este diario es un compañero que te escucha sin juzgarte, un amigo que te acepta sin condiciones.

Espero que, gracias a este camino, aprendas a confiar de nuevo en los demás, a superar las relaciones tóxicas que han formado, o que todavía forman, parte de tu vida y a lograr amar una vez más, desde ti misma. Que cada palabra escrita en tu diario introspectivo sea una luz que ilumine el camino de tu crecimiento personal.

CARNET DE IDENTIDAD

NOMBRE:

____

APELLIDOS:

____

APODO:

____

FECHA DE NACIMIENTO:

____

PEGA AQUÍ TU FOTO

SIGNO DEL ZODIACO:

____

EDAD:

____

LUGAR DE NACIMIENTO:

____

DIRECCIÓN DE RESIDENCIA:

____

PROFESIÓN:

____

OJOS:

____

MARCAS PARTICULARES:

____

ORIENTACIÓN SEXUAL:

____

JURAMENTO

Yo, _____________________________, juro solemnemente que seré honesta conmigo misma y que no escribiré en este diario nada más que la verdad.

Este juramento será válido y sagrado durante todo el tiempo que dure mi viaje introspectivo.

AMOR PROPIO

«He aprendido a cuidarme.
Ahora sé escoger a quién llevar en el corazón.
Ahora sé decidir a quién tener cerca,
comprender quién se lo merece y quién no.
Y sé que a pesar de todo me volverán a herir,
pero también que sabré arreglármelas».

Cuestionario sobre la autoestima

¡Bienvenida! Este cuestionario se ha creado para ayudarte a evaluar tu nivel de autoestima y para identificar las facetas de tu vida y de tu personalidad que podrían precisar de un poco de atención y mejora. La autoestima es un aspecto crucial del bienestar emocional, ya que influye en nuestra manera de percibirnos y en cómo afrontamos los desafíos de la vida.

La autoestima puede variar de persona a persona y puede recibir la influencia de una serie de factores, entre ellos las experiencias pasadas, las relaciones actuales y las percepciones de una misma.

Sé honesta contigo misma mientras respondes las preguntas, para obtener un cuadro lo más preciso y real posible de tu autoestima.

Recuerda que el camino hacia una mayor autoestima es un viaje personal, y tú eres la protagonista de esta historia.

Después de cada afirmación, dibuja un círculo alrededor del número que mejor se adapte a ti:

0 - NUNCA
1 - RARAS VECES
2 - A VECES
3 - CON FRECUENCIA
4 - A MENUDO
5 - SIEMPRE

Me considero una persona merecedora
de amor y felicidad.

0 1 2 3 4 5

Pienso que mis exigencias y mis deseos son tan importantes como los de los demás.

0 1 2 3 4 5

Puedo enumerar con facilidad cinco cosas que me gustan de mí misma.

0 1 2 3 4 5

No me hablo de manera negativa.

0 1 2 3 4 5

Me gusta arriesgarme y salir de mi zona de confort.

0 1 2 3 4 5

Dedico tiempo al ejercicio físico y al cuidado de mi cuerpo.

0 1 2 3 4 5

Sigo una alimentación sana que me ayude a estar en forma.

0 1 2 3 4 5

Me gusta conocer personas nuevas y probar cosas nuevas.

0 1 2 3 4 5

Si alguien no está de acuerdo conmigo, me lo tomo de manera madura.

0 1 2 3 4 5

Me sentiría cómoda yendo sola al cine o a comer en un restaurante.

0 1 2 3 4 5

Me acepto como soy, y eso incluye mis imperfecciones.

0 1 2 3 4 5

Me hablo con amabilidad, evitando autocríticas destructivas.

0 1 2 3 4 5

Acepto sin problemas los cumplidos que me hacen y los siento míos.

0 1 2 3 4 5

Tengo una buena opinión de mí misma y de mis capacidades.

0 1 2 3 4 5

Perdonarme por mis errores pasados es para mí un proceso natural.

0 1 2 3 4 5

Estoy orgullosa de lo que he logrado y de los progresos que he hecho en la vida.

0 1 2 3 4 5

Estoy satisfecha con mi vida sentimental.

0 1 2 3 4 5

Acepto con mucho gusto los consejos de las personas a quienes conozco.

0 1 2 3 4 5

Soy capaz de decir «no» cuando es necesario para respetar mi tiempo y mi energía.

0 1 2 3 4 5

Me siento cómoda cuando les muestro mi verdadera personalidad a los demás.

0 1 2 3 4 5

Me alegro por el éxito y la felicidad de los demás sin sentir envidia.

0 1 2 3 4 5

Tengo una buena relación con los miembros de mi familia y me abro a ellos.

0 1 2 3 4 5

Soy consciente de las relaciones tóxicas que hay en mi vida.

0 1 2 3 4 5

Me doy cuenta de los efectos negativos de las relaciones tóxicas sobre mi autoestima.

0 1 2 3 4 5

Entiendo que las relaciones tóxicas no reflejan mi valía personal.

0 1 2 3 4 5

Tengo el valor de cortar con las relaciones tóxicas cuando es necesario.

0 1 2 3 4 5

Me siento capaz de construir relaciones más sanas tras haber cortado con las tóxicas.

0 1 2 3 4 5

Busco ayuda o apoyo cuando tengo dificultades para manejar relaciones tóxicas.

0 1 2 3 4 5

Me concentro en mi crecimiento personal tras haber cortado con las relaciones tóxicas.

0 1 2 3 4 5

No necesito tener una relación sentimental para sentirme completa.

0 1 2 3 4 5

Puntuación

Solo debes sumar los puntos de cada respuesta para descubrir cuál es tu nivel de autoestima.

120-150 = Has alcanzado un maravilloso sentido del amor por ti misma. Sigue creciendo y queriéndote.

90-119 = Vas por buen camino. Sigue encontrando tiempo para recordarte que eres especial e importante.

60-89 = Hay momentos en los que te sientes una persona digna y otros en los que te cuesta más trabajo. Sigue esforzándote en creer en ti misma.

30-59 = Te cuesta trabajo sentirte digna y amada. Estás en el lugar idóneo para aprender a quererte.

0-29 = Es hora de construir una nueva base para desarrollar el amor por ti misma. Sigue leyendo: te lo mereces.

Puntuación obtenida: ______________________

Mirror work

El *mirror work* es una práctica eficaz en la que te observas en el espejo, lo que te permite encararte a tu sombra interior. Durante el *mirror work*, es normal que surjan pensamientos, emociones y aspectos de tu sombra que podrían resultar difíciles de afrontar. Asegúrate de tratarte con compasión durante y después de esta práctica.

Colócate a poca distancia de un espejo: tú eliges si sentada o de pie, lo importante es que estés y te sientas cómoda. Repite una frase cariñosa en tu mente o en voz alta. Puede ser algo como «Te quiero». Si te cuesta demasiado decir esto, prueba con «Que en un futuro sea capaz de quererme».

Usa la frase cariñosa positiva que te funcione mejor.

Mientras repites esta frase, observa qué pensamientos y emociones surgen en tu interior. Siente lo que emerge en ese momento y sé consciente de ello.

¿Qué has pensado? Escribe los pensamientos o las autocríticas que te hayan pasado por la cabeza mientras te mirabas en el espejo. Estos pensamientos pueden revelar creencias limitadoras o juicios que tienes sobre ti.

____

____

____

____

____

____

¿Qué emociones han aflorado? Identifica las emociones que has experimentado durante el *mirror work*. Pueden ser ansiedad, tristeza, rabia o cualquier otra. Estas emociones son indicios de tus sentimientos más profundos.

____

____

____

____

____

____

¿Cómo te sientes ahora? Una vez hayas completado la práctica, reflexiona sobre cómo te sientes en este momento. ¿Tu autocomprensión o la percepción que tienes de ti han cambiado de algún modo?

____

____

____

____

____

____

¿Qué has descubierto de ti misma? Esta es la pregunta clave. Lo que aflora durante el *mirror work* puede revelar aspectos de tu personalidad, temores, dudas o creencias limitadoras que tal vez estaban ocultas o que ignorabas. Tómate tu tiempo para reflexionar sobre lo que has aprendido de esta experiencia.

____

____

____

____

____

Tiempo de calidad en compañía de ti misma

Reservar tiempo para pasar momentos de calidad a solas no solo es un acto de autocuidado, sino que también representa una oportunidad extraordinaria para enfrentarte a eventuales chispas que pueden prender sentimientos de soledad, abandono, vulnerabilidad o falta de confianza en ti misma. Este tiempo a solas, deliberado y sin distracciones externas, te permite mirar profundamente en tu interior y conectarte con tu verdadero ser. Aprovecha esta ocasión para cuidaros a ti y a tus necesidades.

Aquí tienes algunos pasos para gestionar mejor el tiempo a solas:

1) **Pídete hora a ti misma:** comprométete a dedicarte tiempo de calidad a solas. Puedes anotarlo en tu calendario como una cita importante, escoger una noche del fin de semana o simplemente hacerte un hueco para ti sola cuando sientas la necesidad.

2) **Organiza actividades pensadas para ti:** elige actividades que de verdad te apasionen y te relajen. Puedes organizar una cena especial, dedicarte a la jardinería, darte un largo baño relajante o empaparte de naturaleza con un paseo. Las opciones son infinitas; lo importante es que escojas algo que te haga sentir bien contigo misma.

3) **Cultiva emociones positivas:** durante el tiempo que estés a solas, explora conscientemente y cultiva estados emocionales positivos. Si sientes la necesidad de reír, hazlo de todo corazón. Si necesitas desahogarte y llorar, permítete hacerlo con entera libertad. Debe ser un momento libre de juicio o autocrítica, una oportunidad para tomar consciencia de tus verdaderos sentimientos y necesidades.

4) **Escribe un diario:** cuando escribas en tu diario, explora cómo te consideras en distintas situaciones de la vida. Pregúntate en qué lugar te sitúas en tu lista de prioridades, cuándo y si te dedicas a tus objetivos, deseos y necesidades, y qué esperas de los demás respecto al modo en que te tratan.

Mis inseguridades

¿Cuáles son las situaciones que te hacen sentir más incómoda contigo misma o que te crean ansiedad?

Llena los hexágonos con tus inseguridades y coloréalos.

Usa el color verde si la consideras una inseguridad poco relevante para ti, amarillo si te causa bastante fastidio, o rojo si te hace sentir muy incómoda.

Críticas que te hacen los demás

A menudo las críticas pueden dejar una señal en nuestra mente, e influir en nuestra autoestima y en la percepción de nosotras mismas. Sin embargo, es importante recordar que las críticas no definen quiénes somos en realidad. Cada una de ellas puede o bien contener algo de verdad sobre nosotras, o bien ser completamente infundada. Lo importante es no dejarse definir por la negatividad.

Ejercicio:

Haz una lista de 10 críticas que te hayan hecho los demás. Estas críticas pueden referirse a tu personalidad, tu cuerpo, tus habilidades o cualquier otro aspecto de tu vida.

1) **Descripción de la crítica:** escribe quién hizo la crítica, cuándo y qué te dijo exactamente.

2) **Qué había de cierto:** reflexiona sobre esta crítica y pregúntate si contiene algún elemento de verdad.

3) **Qué era infundado y fruto de incomprensión:** analiza si la crítica se basaba en malentendidos o prejuicios.

4) **Conclusiones:** tras haber analizado cada crítica, escribe cómo puedes usar este conocimiento para crecer personalmente.

Crítica: ____

____

____

Qué había de cierto: ______________________________

____

Qué había de falso: ______________________________

____

Conclusiones: ______________________________________

____

____

____

Crítica: ____

____

____

Qué había de cierto: ______________________________

____

Qué había de falso: ______________________________

____

Conclusiones: ______________________________________

____

____

____

Crítica: ____

____

____

Qué había de cierto: ____

____

Qué había de falso: ____

____

Conclusiones: ____

____

____

____

Crítica: ____

____

____

Qué había de cierto: ____

____

Qué había de falso: ____

____

Conclusiones: ____

____

____

____

10 mensajes positivos que te han dado los demás

Escribe 10 mensajes positivos sobre ti misma que te han dado otras personas. Pueden ser amigos, familiares, tu pareja, maestros o compañeros de trabajo.

Estos mensajes podrían haberte hecho sentir más segura de ti misma o podrían haber sido halagos que no has querido creer.

No es necesario que creas plenamente en estas frases positivas, pero a buen seguro te ayudarán a sentirte más merecedora y consciente de tus cualidades.

1. ______________________________

____

____

2. ______________________________

____

____

3. ______________________________

____

____

4. ______________________________

5. ______________________________

6. ______________________________

7. ______________________________

8. ______________________________

9. ______________________________

10. ______________________________

Carta de amor a ti misma

Utiliza este espacio para dedicarte una carta de amor. Podrías sentirte tonta mientras la escribes, pero verás que se trata de una experiencia muy eficaz y catártica. Con tus palabras, exprésate gratitud a ti misma y repítete que vale la pena cuidarte y que mereces amor, compasión y respeto.

ESTA SOY YO

«Sé siempre la mejor versión de ti misma y no la fea copia de otro. A menudo te dirán que no puedes hacer lo que quieres, pero sí puedes. La mejor libertad es ser una misma».

Me presento:

Cómo me siento en este momento:

Mi visión de las relaciones de amistad:

Un secreto mío inconfesable:

Algo que alguien que me importa hizo en el pasado que me hizo feliz:

Algo que alguien que me importa hizo en el pasado que me puso triste:

Cuáles son mis virtudes:

Cuáles son mis defectos:

Qué creo que a los demás les gusta de mi carácter:

Qué creo que los demás odian de mi carácter:

Qué me hace sentir segura en las relaciones:

Qué me hace sentir insegura en las relaciones:

Un hábito que me hace sentir bien cuando estoy sola:

Qué me preocupa más de mi manera de manejar las relaciones:

Una persona que para mí es imprescindible:

Cosas que hacen los demás que me ponen nerviosa:

Cómo he aprendido a calmarme durante una discusión:

Cosas por las que me considero una buena amiga:

Cosas por las que me considero una amiga desastrosa:

____

____

____

____

____

Cosas que nunca he tenido el valor de decir a las personas que tengo cerca:

____

____

____

____

Qué relación tengo con mi cuerpo:

____

____

____

____

____

Qué relación tengo con la comida:

Me siento culpable por estas razones:

Estoy orgullosa de mí por estas razones:

El último insulto que he recibido:

El último halago que he recibido:

Cómo reacciono cuando los demás me decepcionan:

La última persona en quien pienso antes de dormirme:

La persona que me hace sentir especial:

Una persona a la que echo muchísimo de menos:

El último gesto digno de mención que he hecho por alguien que me importa:

El recuerdo más bonito con otra persona:

El recuerdo más desagradable con otra persona:

La cosa más difícil que tuve que hacer en el pasado por alguien que me importa:

____

____

____

____

Una relación traumática que he superado:

____

____

____

____

____

Una relación traumática que no he superado:

____

____

____

____

____

¿Estás contenta con tu pasado?

Sí ☐ No sé ☐ No ☐

¿Alguna vez te has arrepentido de una decisión que tomaste?

Sí ☐ No sé ☐ No ☐

¿Alguna vez has aprendido una lección de las relaciones tóxicas que has tenido?

Sí ☐ No sé ☐ No ☐

¿Has hecho alguna vez algo de lo que te avergüences?

Sí ☐ No sé ☐ No ☐

¿Alguna vez has cometido un error grave que hayas tenido que remediar?

Sí ☐ No sé ☐ No ☐

¿Alguna vez has tenido la sensación de que no controlas tu vida?

Sí ☐ No sé ☐ No ☐

¿Has mentido alguna vez a alguien?

Sí ☐ No sé ☐ No ☐

¿Alguna vez has sufrido una pérdida grave?

Sí ☐ No sé ☐ No ☐

¿Te señalaron por algo en el pasado?

Sí ☐ No sé ☐ No ☐

¿Has logrado superar una situación desagradable del pasado?

Sí ☐ No sé ☐ No ☐

Escribo una carta a mi yo del pasado:

Me siento...

Rellena la barra:

	0 %	100 %
contenta		
triste		
segura		
insegura		
motivada		
enfadada		
decidida		
sensible		
vulnerable		
relajada		
despreocupada		
guapa		
fea		
sociable		
tímida		
emotiva		
enamorada		
soñadora		
satisfecha		
estilosa		
extrovertida		
amable		
agradecida		
pensativa		
alegre		

Ejercicio
meditación de la flor

Esta meditación guiada se ha ideado para ayudarte a desarrollar una mayor autoestima, consciencia y paz interior. La meditación de la flor se puede practicar todos los días y cada vez que tengas la necesidad de un poco de paz y relax.

1) **Encuentra un lugar tranquilo y cómodo:** cuando estés segura de que nadie te molestará durante los próximos 15 minutos por lo menos, puedes sentarte encima de un cojín o en una silla con la espalda recta. Relaja los hombros y apoya las manos en las rodillas. Cierra los ojos y concéntrate en la respiración.

2) **Tómate unos minutos para respirar hondo:** inspira lentamente por la nariz llenando los pulmones de aire. Después espira lentamente a través de la boca y relaja todas las tensiones que has acumulado. Repite cinco veces esta respiración honda.

3) **Imagina que tienes una pequeña semilla en la mano izquierda:** obsérvala con atención y piensa en qué tipo de flor querrías que se convirtiera. Ahora imagina que plantas esta semilla en el terreno de tu corazón. Mientras inspiras, procura visualizar la energía del aire y del amor que confluyen en la semilla, nutriéndola y haciéndola germinar.

4) **Con cada inspiración:** visualiza la flor que crece lentamente y que desarrolla raíces, tallo, hojas y al fin capullos. Visualiza la flor que se abre con cada espiración, y que revela sus colores brillantes y su delicado perfume. La flor representa tu fuerza interior, tu belleza y tu capacidad de crecer y prosperar.

5) **Piensa en un desafío al que te hayas enfrentado en tu vida:** imagina que tu flor es capaz de absorber las dificultades y transformarlas en alimento para su crecimiento. Cada vez que la flor absorbe un problema, se vuelve más fuerte y luminosa.

6) **Reconoce tus cualidades:** mientras tu flor sigue creciendo y floreciendo, centra tu atención en tus cualidades, tus talentos y las cosas que te hacen única. Siéntete agradecida por estas cualidades y por la capacidad de superar los retos que la vida te ha presentado.

7) **Vuelve a centrar la atención en tu respiración:** sigue respirando con normalidad. Imagina que tu flor se cierra lentamente y que retiene en su interior toda la fuerza, la belleza y la tranquilidad que has cultivado durante la meditación. Visualiza tu flor al retirarse en la tierra de tu corazón, sabedora de que podrá florecer de nuevo cada vez que lo necesites. Cuando estés lista, abre los ojos y tómate tu tiempo para volver a la realidad.

Dejar ir el pasado

Cuando cometemos errores, puede resultar difícil perdonarse y seguir adelante. Aprender a perdonarse puede llevar tiempo y no hay una manera correcta o incorrecta de hacerlo. Aquí tienes algunos consejos para ayudarte a dejar ir los errores del pasado, para que te sientas más ligera y vivas con mayor serenidad en el futuro.

1) **El pasado no se puede cambiar:** el pasado ya pasó y no se puede cambiar. Lamentarse por lo que podría o debería haber sido no sirve de nada y solo puede traer más dolor y sufrimiento. Lo mejor que puedes hacer es aprender de tus errores y usar esta experiencia para crecer.

2) **Tu consciencia está cambiando:** es importante entender que siempre estamos en un camino de crecimiento y que nuestro nivel de consciencia cambia constantemente. Nuestro yo actual no es el mismo que el del pasado. Por tanto, no tiene sentido juzgarse con base en lo que hicimos cuando todavía no teníamos la consciencia y el conocimiento con los que contamos hoy.

3) **Ver el error como un reflejo del propio lado «oscuro»:** todos tenemos un lado oscuro que preferiríamos no tener y que incluso intentamos ocultar. Cuando nos comportamos de un modo que nos avergüenza o nos hace sentir culpables, a menudo actuamos bajo la

influencia de nuestro yo oscuro. Es importante recordar que nuestro yo oscuro es solo una parte de nosotros y que no nos define del todo como personas.

4) **Canalizar el dolor y el arrepentimiento en algo creativo:** encontrar una manera creativa para expresar el dolor y el arrepentimiento puede ayudarnos a procesar estos sentimientos y transformarlos en sabiduría y en algo maravillosamente bonito y constructivo. Esto puede englobar actividades como pintar, diseñar, esculpir, cantar, bailar o practicar deporte.

5) **Preguntarse por qué:** cuando nos equivocamos, debemos preguntarnos por qué lo hicimos. Tal vez intentábamos satisfacer una necesidad, como el deseo de ser amados o de sentirnos seguros. Comprender nuestras necesidades puede ayudarnos a entender por qué nos comportamos de cierta manera y a hacerlo mejor la próxima vez.

6) **Llevar a cabo un ritual de «liberación emocional»:** dejar ir el pasado puede ser difícil, pero hay algunas prácticas que nos pueden ayudar. Por ejemplo, se puede realizar un ritual del fuego, en el que se escribe lo que se quiere dejar ir en un trozo de papel y luego se quema.

7) **Practicar el amor por una misma:** el amor por una misma es esencial para aprender a perdonarse. Esto puede incluir prácticas como la meditación, el *mindfulness* y las afirmaciones positivas.

¿Estoy dispuesta a perdonarme a mí misma por los errores que cometí y a mirar adelante con optimismo y ganas de vivir?

☐ Sí

☐ No

FAMILIA

«La familia no es algo importante.
Lo es todo».

Qué representa mi familia para mí:

Quiénes son los miembros de mi familia:

Qué me hace sufrir de mi familia:

Describo las virtudes y los defectos de mi madre:

Describo las virtudes y los defectos de mi padre:

Describo las virtudes y los defectos de mi hermano o hermana:

De qué modo me apoya mi familia:

Qué cambiaría de mi familia si pudiera:

Algo importante que me ha enseñado mi madre:

Algo importante que me ha enseñado mi padre:

El momento más bonito que he vivido con mi madre:

El momento más bonito que he vivido con mi padre:

El momento más bonito que he vivido con mi hermano o hermana:

El momento más desagradable que he vivido con mi madre:

El momento más desagradable que he vivido con mi padre:

El momento más desagradable que he vivido con mi hermano o hermana:

¿Qué querría decirle a mi padre, pero nunca tuve el valor?

¿Qué querría decirle a mi madre, pero nunca tuve el valor?

¿Qué querría decirle a mi hermano o hermana, pero nunca tuve el valor?

¿Te sientes cómoda en tu familia?

Sí ☐ No sé ☐ No ☐

¿Tienes una buena relación con tu padre?

Sí ☐ No sé ☐ No ☐

¿Tienes una buena relación con tu madre?

Sí ☐ No sé ☐ No ☐

¿Tienes una buena relación con tus hermanos o hermanas?

Sí ☐ No sé ☐ No ☐

¿Alguna vez has sentido que tu familia te juzgaba por las elecciones que has tomado?

Sí ☐ No sé ☐ No ☐

¿Sientes que tu familia te conforta y te apoya?

Sí ☐ No sé ☐ No ☐

¿Te sientes limitada por algunas reglas presentes en el seno de tu familia?

Sí ☐ No sé ☐ No ☐

¿Tienes la sensación de que compites con tus hermanos o hermanas?

Sí ☐ No sé ☐ No ☐

¿Te sientes cómoda hablando de tus problemas con tu familia?

Sí ☐ No sé ☐ No ☐

¿Quieres a tu familia?

Sí ☐ No sé ☐ No ☐

¿Te gusta pasar tiempo con tu familia?

Sí ☐ No sé ☐ No ☐

¿Tu familia respeta tu privacidad?

Sí ☐ No sé ☐ No ☐

¿Alguna vez pasas vergüenza por culpa de tu familia?

Sí ☐ No sé ☐ No ☐

¿Alguna vez te has sentido prisionera de tu familia?

Sí ☐ No sé ☐ No ☐

¿Alguna vez te has sentido abrumada por las expectativas que tu familia tiene sobre ti?

Sí ☐ No sé ☐ No ☐

¿Crees que tu familia trata mejor a tus hermanos o hermanas que a ti?

Sí	No sé	No
☐	☐	☐

¿Alguna vez te has sentido traicionada por tu familia?

Sí	No sé	No
☐	☐	☐

¿Te arrepientes de algo que hiciste y que disgustó a tu familia?

Sí	No sé	No
☐	☐	☐

¿Has pensado alguna vez en escaparte de casa?

Sí	No sé	No
☐	☐	☐

¿Respetas a tu familia?

Sí	No sé	No
☐	☐	☐

Carta de perdón

Escribe una carta de perdón a un miembro de tu familia que te haya hecho daño. Recuerda que el perdón es un regalo a ti misma, no a la otra persona, y que no implica que justifiques sus actos. Guardar rencor puede tener un impacto negativo en ti, mientras que el perdón puede liberar tensiones emocionales. Una vez hayas terminado la carta, te animo a pronunciar en voz alta: «Te perdono para poder seguir con mi vida. Libero la negatividad que me retiene». Después, si te ves con ánimo, puedes o bien compartirla con esa persona, o bien quemarla, de modo que visualices el peso emocional de los rencores que se desvanecen.

AMISTAD

«Una amiga es alguien que te conoce muy bien, y que a pesar de ello continúa siendo tu amiga».

Cuántos amigos o amigas tienes actualmente:

Escribe sus nombres y apellidos:

Las cualidades que debe tener una persona para ser mi amigo o amiga:

El recuerdo más bonito con mis amigos o amigas:

El recuerdo más desagradable con mis amigos o amigas:

Piensa en un momento difícil en el que un amigo o una amiga te apoyó. ¿De qué manera esta amistad mejoró tu estado emocional?

____

____

____

Piensa en los amigos o amigas con quienes tienes una auténtica conexión. ¿De qué manera estas amistades influyen positivamente en tu bienestar?

____

____

____

¿De qué manera puedes contribuir al bienestar de tus amistades?

____

____

____

____

____

Una amistad que he perdido:

Los motivos por los que la amistad se acabó:

Lo que echo de menos de aquella amistad:

¿Crees que tus amistades te influyen positivamente?

Sí ☐ No sé ☐ No ☐

¿Alguna vez te sientes sola cuando estás con tus amigos o amigas?

Sí ☐ No sé ☐ No ☐

¿Alguna vez has traicionado la confianza de un amigo o de una amiga?

Sí ☐ No sé ☐ No ☐

Cuando tienes necesidad, ¿pides ayuda a tus amigos o amigas?

Sí ☐ No sé ☐ No ☐

¿Crees que tus amistades son sólidas y duraderas?

Sí ☐ No sé ☐ No ☐

¿Crees que algunas amistades te causan estrés o problemas?

Sí ☐ No sé ☐ No ☐

¿Alguna vez has evitado expresar tu punto de vista solo por miedo a hacer daño a un amigo tuyo o a una amiga tuya?

Sí ☐ No sé ☐ No ☐

¿Alguna vez has tenido que escoger entre una amistad y otra cosa?

Sí ☐ No sé ☐ No ☐

¿Alguna vez has sentido que un amigo o una amiga te juzgaba o te ofendía?

Sí ☐ No sé ☐ No ☐

¿Te resulta fácil perdonar a tus amigos o amigas cuando se equivocan o te lastiman involuntariamente?

Sí ☐ No sé ☐ No ☐

¿Alguna vez te has peleado con tu amigo o amiga por un chico o una chica?

Sí ☐ No sé ☐ No ☐

¿Alguna vez has encubierto a un amigo o amiga a pesar de que haya hecho algo grave?

Sí ☐ No sé ☐ No ☐

¿Alguna vez te has sentido excluida de tu grupo de amigos o amigas?

Sí ☐ No sé ☐ No ☐

¿Alguna vez has mentido a un amigo o amiga solo por su bien?

Sí ☐ No sé ☐ No ☐

¿Crees que tus amigos o amigas te respetan totalmente?

Sí ☐ No sé ☐ No ☐

OLVIDAR A UNA PERSONA

«Las cicatrices del corazón nos vuelven únicas y fuertes; olvidar a una persona solo es el primer paso hacia la curación».

Describe una amistad que te hace sufrir:

____

____

____

____

____

____

____

____

¿Cómo te sientes con este tipo de relación?

____

____

____

____

____

____

____

____

¿De qué manera esta persona te hace sentir mal o incómoda?

¿Qué estás sacrificando para mantener esta amistad?

¿De qué manera esta persona influye negativamente en tus objetivos personales?

¿Quién te podría ayudar a liberarte de esta amistad?

¿Esta amistad influye en tu autoestima o en la imagen que tienes de ti misma?

¿Qué fortalezas tienes para ayudarte a superar esta situación?

Escribe los pros y los contras del fin de esta amistad para ti:

PROS:

CONTRAS:

Cómo identificar los comportamientos tóxicos

Escribe una lista de los comportamientos de esta persona que te han hecho daño. Te ayudará a reconocer las señales de una amistad perjudicial en el futuro.

To do list para superar una amistad tóxica

Aquí tienes una lista de consejos para afrontar y superar una amistad tóxica. Recuerda que superar una amistad tóxica requiere tiempo y esfuerzo, pero tu bienestar es la prioridad. Sé amable contigo misma y busca el apoyo necesario mientras te enfrentas a este reto.

1) **Reconoce el problema:** admite que la amistad es tóxica y que ejerce un impacto negativo en tu vida. Aceptar la realidad es el primer paso para el cambio.

2) **Crea límites sanos:** marca límites claros y firmes para protegerte a ti misma de la energía negativa de la otra persona. No tengas miedo de decir «no» cuando sea necesario.

3) **Busca apoyo externo:** busca el apoyo de amigos, de familiares o de un asesor profesional para compartir tus sentimientos y recibir consejos objetivos.

4) **Practica el autocuidado:** no dejes que la amistad tóxica influya en tu autoestima. Cuídate. El ejercicio físico, una dieta equilibrada, un sueño adecuado y algunas técnicas de relajación pueden ayudarte a gestionar el estrés.

5) Acepta tus emociones: es normal que nos sintamos tristes, enfadadas o incluso culpables tras haber cortado con una amistad. Acepta estas emociones como parte del proceso de curación.

6) Aprende de los errores: reflexiona sobre lo que has aprendido de esta experiencia y úsala como lección de crecimiento personal para evitar nuevas relaciones tóxicas en el futuro.

Carta de perdón

Escribe una carta de perdón a una amiga o a un amigo que te haya hecho daño. Recuerda que el perdón es un regalo a ti misma, no a la otra persona, y que no implica que justifiques sus actos. Guardar rencor puede tener un impacto negativo en ti, mientras que el perdón puede liberar tensiones emocionales. Una vez hayas acabado la carta, te animo a pronunciar en voz alta: «Te perdono para poder seguir con mi vida. Libero la negatividad que me retiene». Después, si te ves con ánimo, puedes o bien compartirla con esta persona, o bien quemarla, de modo que visualices el peso emocional de los rencores que se desvanecen.

Escribe el nombre de todas las personas que te han hecho daño y todo lo que habrías querido decirles:

¿Estoy preparada para dejar ir a quien me hizo daño y volver a vivir al cien por cien?

☐ Sí

☐ No

AMOR

«El amor no mira con los ojos,
sino con el alma».

Qué es el amor para mí:

Qué busco principalmente en una relación sentimental:

A qué no puedo renunciar por amor:

A qué renunciaría por amor:

Las peores decisiones que he tomado por amor:

Lo que me hace sufrir en el amor:

Los límites que quiero que se respeten en una relación amorosa:

Qué me da miedo de estar soltera:

¿Crees en el amor a primera vista?

Sí ☐ No sé ☐ No ☐

¿Alguna vez has tenido un amor no correspondido?

Sí ☐ No sé ☐ No ☐

¿Estás dispuesta a comprometerte en el amor?

Sí ☐ No sé ☐ No ☐

¿Eres muy celosa en el amor?

Sí ☐ No sé ☐ No ☐

¿Alguna vez has perdonado a tu pareja por un error grave?

Sí ☐ No sé ☐ No ☐

¿Te sientes totalmente cómoda en tu relación actual?

Sí ☐ No sé ☐ No ☐

¿Confías plenamente en tu pareja?

Sí ☐ No sé ☐ No ☐

¿Eres capaz de amarte a ti misma?

Sí ☐ No sé ☐ No ☐

¿Tu relación actual te está ayudando a crecer?

Sí ☐ No sé ☐ No ☐

¿Sabes respetar los espacios de tu pareja?

Sí ☐ No sé ☐ No ☐

¿Tu pareja respeta tus espacios?

Sí ☐ No sé ☐ No ☐

¿Alguna vez has tenido que renunciar a algo que era muy importante para ti por amor?

Sí ☐ No sé ☐ No ☐

¿Te sientes cómoda hablando de tus problemas con tu pareja?

Sí ☐ No sé ☐ No ☐

Ejercicio
la meditación de la respiración amorosa

La meditación de la respiración amorosa es una práctica común en la meditación *mindfulness*. Este sencillo ejercicio puede ayudarte a reducir el estrés y la ansiedad, y a mejorar tu bienestar psicofísico general, con lo que te volverás más amable, cariñosa y positiva hacia ti misma y hacia los demás.

1) **Escoge una posición cómoda:** relájate y concéntrate en la respiración.

2) **Cierra los ojos:** haz varias respiraciones profundas, concentrándote en la sensación del aire que entra y sale de tu cuerpo.

3) **Visualiza un color:** piensa en un color que para ti represente el amor y la bondad.

4) **Imagina que ese color sale de tu corazón:** imagina que se irradia por todo el cuerpo emanando calor y amor.

5) **Piensa en alguien que te importe:** imagina que le transmites esta sensación de amor y bondad a través de tu respiración.

6) **Piensa en alguien que te haya hecho enfadar:** envíale también esta bondad y este amor a través de la respiración.

7) **Piensa en el mundo entero:** envía este mismo sentimiento de amor y bondad a todos los seres vivientes.

8) **Sigue respirando hondo:** sumérgete en esta sensación de amor y bondad. Vuelve a la respiración normal cuando estés lista.

9) **Espera 10-15 minutos:** abre los ojos y tómate unos momentos para notar cómo te sientes.

SUPERAR UNA HISTORIA DE AMOR

«Debilidades. Tú no tenías.

Yo tenía una: amaba».

Lo dejamos porque:

Mis emociones de aquel día:

Las palabras exactas que nos dijimos cuando rompimos:

Qué cambiaría si pudiese volver atrás:

Quién estuvo a mi lado en aquellos días:

Las palabras que más me consolaron:

Cómo estaba el día después:

Cosas que todavía me hacen pensar en ti:

Lo que me hace sufrir más:

Tu último mensaje:

Quisiera volver a verte porque:

Qué querría decirte en este momento:

Qué haría si supiera que has conocido a otra persona:

Por tu culpa, yo:

Si te encontrase por la calle, cómo reaccionaría:

Lo más difícil de aceptar:

Lo que he aprendido de esta experiencia:

Escribe los pros y los contras del fin de esta relación para ti:

PROS:

CONTRAS:

Ahora que estoy libre, todo lo que quiero es:

Cómo me ha cambiado el carácter tras la ruptura:

Cómo he cambiado físicamente tras la ruptura:

¿Soy capaz de conocer a otra persona y empezar a salir con ella?

____

____

____

____

Los errores que no volveré a cometer:

____

____

____

____

____

La cosa que más me ha ayudado a olvidarte:

____

____

____

____

____

To do list sin mi ex

Ahora que estás libre y puedes dedicar tiempo a ti misma y a tu crecimiento personal, escribe todas las cosas que te gustaría hacer sin tu ex (viajes, actividades, deporte, etcétera).

- [ ] ____________________
- [ ] ____________________
- [ ] ____________________
- [ ] ____________________
- [ ] ____________________

Carta de perdón

Escribe una carta de perdón a un ex o a una ex que te haya hecho daño. Recuerda que el perdón es un regalo a ti misma, no a la otra persona, y que no implica que justifiques sus actos. Guardar rencor puede tener un impacto negativo en ti, mientras que el perdón puede liberar tensiones emocionales. Una vez hayas acabado la carta, te animo a pronunciar en voz alta: «Te perdono para poder seguir con mi vida. Libero la negatividad que me retiene». Después, si te ves con ánimo, puedes o bien compartirla con esta persona, o bien quemarla, de modo que visualices el peso emocional de los rencores que se desvanecen.

Escribe todo lo que te ha hecho estar mal en el amor:

¿Cómo reaccionaste nada más acabarse la relación?

a) Con desconcierto e incredulidad
b) Con rabia y decepción
c) Con tristeza y dolor emocional
d) Con aceptación y calma

¿Cómo te sientes emocionalmente después del fin de la relación?

a) Triste y sobrepasada
b) Enfadada y resentida
c) Confundida y en vilo
d) Optimista y esperanzada

¿Cómo has afrontado la comunicación con tu expareja después de la ruptura?

a) Sigo buscando contactos frecuentes con él o ella
b) Evito el contacto todo lo posible
c) Trato con él o ella solo cuando es necesario
d) He decidido cortar por lo sano y no contactar con él o ella para nada

¿Cuál es tu estrategia principal para enfrentarte al dolor emocional?

a) Hablar con amigos o familiares
b) Distraerme haciendo otras actividades
c) Reflexionar y meditar sobre las emociones que siento
d) Buscar ayuda profesional (psicólogo o terapeuta)

¿Cómo reaccionas a las situaciones en las que ves a tu ex?

a) Me siento triste y nostálgica
b) Me enfado o estoy incómoda
c) Intento ser cordial pero distante
d) Todavía no he tenido la ocasión de verlo o verla en persona

¿Cómo te sientes respecto a tus futuras perspectivas de una nueva relación?

a) Soy pesimista y me da miedo confiar de nuevo en alguien
b) Siento que será difícil volver a abrirme
c) Tengo dudas sobre tener un nuevo romance
d) Estoy abierta y lista para conocer nuevas personas

¿Cuánto tiempo dedicas a ti misma y a tu bienestar?

a) Poco o nada: estoy sobrepasada por el dolor y los recuerdos
b) Intento a duras penas dedicarme momentitos a mí misma
c) Dedico un poco de tiempo todos los días a mi bienestar
d) Me estoy tomando el tiempo necesario para mimarme y curarme

¿Cómo te ves a ti misma y cómo ves tu autoestima tras la ruptura?

a) Me siento insegura y con una baja autoestima
b) Tengo altibajos respecto a mi autoestima
c) Estoy trabajando para mejorar mi autoestima
d) Tengo una buena autoestima y me siento positiva respecto a mí misma

¿Qué has aprendido de esta experiencia de ruptura?

a) Que el dolor forma parte del proceso de curación
b) Cómo afrontar mejor las futuras dificultades emocionales
c) La importancia de establecer límites y fronteras en las relaciones
d) La necesidad de tomar decisiones más ponderadas en las relaciones

¿Cómo te has enfrentado al distanciamiento de los recuerdos compartidos con tu expareja?

a) Conservo objetos y fotos
b) He eliminado la mayor parte de los recuerdos materiales
c) He apartado los recuerdos, pero no los he eliminado del todo
d) He tomado medidas para reorganizar o transformar algunos recuerdos en algo positivo

¿Cuáles son los mayores estímulos para tus emociones negativas?

- **a)** Situaciones o lugares asociados a la expareja
- **b)** Pensamientos sobre el fin de la relación
- **c)** Recuerdos de momentos felices que hemos pasado juntos o juntas
- **d)** La soledad y la sensación de pérdida

¿Cuál ha sido tu enfoque principal en las redes sociales tras la ruptura?

- **a)** Aún sigo y curioseo su perfil
- **b)** He dejado de seguir su perfil para evitar ver sus actividades
- **c)** Todavía soy su amiga en las redes sociales, pero reduzco las interacciones al mínimo
- **d)** He decidido desconectarme de las redes sociales durante un tiempo

¿Qué haces cuando te sientes particularmente triste o sobrepasada por la ruptura?

- **a)** Intento distraerme poniéndome morada de comida o de alcohol
- **b)** Hablo abiertamente de mis sentimientos con una persona de confianza
- **c)** Intento enfrentarme a mis sentimientos yo sola
- **d)** Me dedico a una actividad que me apasiona o me relaja

¿Cómo reaccionas cuando ves a amistades o familiares en común con tu ex?

a) Me da vergüenza y trato de evitarlo
b) Mantengo la calma y afronto la situación con naturalidad
c) Intento evitar este tipo de encuentros
d) Todavía no he tenido ocasión de verlos o verlas

¿Cómo ves la posibilidad de volver con tu ex en el futuro?

a) Todavía espero que volvamos a estar juntos o juntas
b) No excluyo la posibilidad, pero no pienso en ello constantemente
c) Creo que es improbable, pero no lo excluyo del todo
d) He dejado de esperar que vuelva

¿Cómo has gestionado el proceso de «olvidar» a tu ex?

a) Todavía me cuesta pensar en otras cosas
b) Busco distraerme de manera activa
c) Acepto los pensamientos sobre mi ex, pero no me aferro a ellos
d) He decidido afrontar esta experiencia sin intentar olvidar del todo a mi ex

¿Qué has aprendido de ti misma durante este periodo de ruptura?

a) Soy dependiente de las relaciones amorosas, buena parte de mi bienestar depende de ellas
b) Soy capaz de afrontar la soledad de manera constructiva
c) Soy más consciente de mis necesidades y deseos en una relación
d) Estoy aprendiendo a ser más amable conmigo misma cuando me veo en dificultades

¿Cómo has afrontado los cambios en tu rutina cotidiana tras la ruptura?

a) Me cuesta adaptarme a los cambios y necesito tiempo para acostumbrarme a ellos
b) He intentado mantener mi rutina en la medida de lo posible para evitar tensiones adicionales
c) He acogido los cambios como oportunidades para un crecimiento personal
d) Todavía no he hecho grandes cambios en mi rutina

¿Cómo definirías tu visión de la vida tras la ruptura?

a) Veo el futuro con tristeza e incertidumbre
b) Soy prudente, pero más optimista respecto a las oportunidades futuras
c) Trato de ser flexible y de adaptarme a los cambios
d) Me entusiasma explorar nuevas posibilidades y reinventarme

¿Qué estrategias has llevado a la práctica para afrontar el eventual sentimiento de culpa tras la ruptura?

a) Me siento culpable por el fin de la relación y me hago autocrítica constante

b) Trato de afrontar mis responsabilidades sin culparme a mí misma ni a los demás

c) Me estoy tomando el tiempo para procesar y comprender el papel que he desempeñado en la ruptura

d) No he experimentado un fuerte sentimiento de culpa

¿Qué actividades o aficiones te han ayudado en mayor medida a distraerte y a sentirte mejor tras la ruptura?

a) Hacer ejercicio físico

b) Leer libros o ver películas

c) Cocinar o experimentar nuevas recetas

d) Dedicarme a proyectos creativos o artísticos

RESULTADOS:

Cuenta cuántas **a, b, c** o **d** has elegido para cada pregunta y encuentra la letra más común entre las respuestas.

Recuerda que no hay respuestas correctas o incorrectas. La finalidad de este test es que te hagas una idea de cómo gestionas el fin de la relación y qué podrías hacer para favorecer tu proceso de curación.

A: Todavía te sientes sobrepasada por la ruptura y podría ser útil buscar apoyo emocional de amigos o profesionales.

B: Estás en la fase de aceptación y tratas de adaptarte a la nueva situación. Sigue así y pronto estarás mejor.

C: Estás en un periodo de reflexión y tratas de comprender mejor tus sentimientos y tus emociones.

D: Estás en una fase de curación y tomas medidas para cuidarte a ti misma y recuperar confianza en el futuro.

¿Estoy preparada para dejar ir a mi ex y volver a vivir mi vida al cien por cien?

☐ Sí

☐ No

FUTURO

«El futuro es un calidoscopio de oportunidades,
una invitación a explorar, crecer y soñar.
Con valor afrontamos las incertidumbres, sabemos
que en el futuro podremos brillar».

Mis objetivos en cuanto a amor y en amistad para el año que viene:

Cuáles son mis miedos para el futuro de mis relaciones de amor y amistad:

Qué querría pedir a las personas que tengo cerca:

De qué dinámicas en las relaciones quiero liberarme:

Las personas que me impiden alcanzar mis objetivos son:

3 personas que querría en mi futuro:

1. ______________________________

2. ______________________________

3. ______________________________

3 personas que no querría en mi futro:

1. ______________________________

2. ______________________________

3. ______________________________

3 personas con quienes espero mejorar mi relación:

1. ______________________________

2. ______________________________

3. ______________________________

3 comportamientos erróneos que tengo con los demás y que deseo no tener más:

1. ____________________
2. ____________________
3. ____________________

3 buenas acciones que deseo hacer para las personas que me importan:

1. ____________________
2. ____________________
3. ____________________

3 regalos que querría ofrecer a las personas que me importan:

1. ____________________
2. ____________________
3. ____________________

¿Estoy preparada para abrazar el futuro sin miedo a mirar adelante con esperanza y positividad?

☐ Sí

☐ No

GRATITUD

«Agradecer las pequeñas cosas cotidianas
nos ayuda a darnos cuenta de la belleza que nos rodea
y a apreciar los pequeños milagros presentes
en nuestra vida».

5 minutos de gratitud al día

Practicar la gratitud, aunque sea durante solo 5 minutos al día, puede aportar numerosos beneficios a tu bienestar emocional y psicológico. He aquí por qué es una práctica recomendada:

1) **Concentración positiva:** tras una experiencia negativa como una amistad tóxica o el fin de una relación amorosa, es común concentrarse en sentimientos de rabia, tristeza o decepción. La gratitud te ayuda a desviar tu atención hacia los aspectos positivos de tu vida, y te permite ver la belleza y las cosas buenas que te rodean.

2) **Reducción del estrés:** la práctica de la gratitud puede contribuir a reducir el nivel de estrés y de ansiedad. Cuando te concentras en las cosas por las que estás agradecida, estimulas el sistema nervioso parasimpático, que es responsable de la relajación y la calma.

3) **Aumento de la autoestima:** reconocer las cosas por las que estás agradecida puede reforzar tu autoestima. Te recuerda que tienes valía y que te mereces lo mejor.

4) **Mejora de las relaciones futuras:** la gratitud puede asimismo influir de manera positiva en tus relaciones futuras. Ser consciente de las cualidades que aprecias en los demás te ayuda a establecer conexiones más sanas y positivas.

5) Crecimiento personal: la práctica de la gratitud es una oportunidad para reflexionar sobre tus experiencias y aprender de ellas. Puedes reconocer las lecciones aprendidas de tus relaciones pasadas y usarlas para crecer y desarrollarte como persona.

6) Mejora la perspectiva a largo plazo: al concentrarte en la gratitud, puedes desarrollar una perspectiva a largo plazo más positiva. Esto te ayuda a ver que, pese a los desafíos actuales, todavía hay muchas oportunidades para ser feliz y realizarte en el futuro.

7) Aporta una sensación de control: tras una relación que te ha lastimado, podrías sentirte impotente o sobrepasada. La práctica de la gratitud te da una sensación de control sobre tu vida, ya que te centras en lo que puedes apreciar y sobre lo que puedes influir de manera positiva.

8) Promueve el bienestar emocional general: la gratitud está asociada con un mayor bienestar emocional y con una mejor calidad de vida global. Puede contribuir a levantar tu estado de ánimo y a hacerte sentir más feliz.

Recuerda que practicar la gratitud es una cuestión personal y que los motivos por los que una persona siente gratitud pueden variar notablemente de un individuo a otro. Tómate un poco de tiempo todos los días para reflexionar sobre lo que aprecias, ya sean pequeñas cosas o grandes metas. Incluso pocos minutos al día pueden marcar una diferencia significativa en tu bienestar emocional y en tu capacidad de superar una amistad tóxica, una relación amorosa que acabó mal, o incluso servirte solo como un instrumento para sentirte mejor contigo misma.

5 MINUTOS DE GRATITUD AL DÍA

FECHA: ____ / ____ / ____ L M X J V S D

Hoy me siento:

Cosas por las que hoy estoy agradecida:

1. ____________________
2. ____________________
3. ____________________

El mejor momento del día:

____

Buenos propósitos para mañana:

____

____

Algo que me enorgullece de mí misma:

____

Frase del día:

____

____

Una lección que he aprendido hoy:

____

5 MINUTOS DE GRATITUD AL DÍA

FECHA: ____ / ____ / ____   L M X J V S D

Hoy me siente:

Cosas por las que hoy estoy agradecida:

1. ______________________________
2. ______________________________
3. ______________________________

El mejor momento del día:

____

Buenos propósitos para mañana:

____

____

Algo que me enorgullece de mí misma:

____

Frase del día:

____

____

Una lección que he aprendido hoy:

____

5 MINUTOS DE GRATITUD AL DÍA

FECHA: ____ / ____ / ____ L M X J V S D

Hoy me siento:

Cosas por las que hoy estoy agradecida:

1. ______________________________
2. ______________________________
3. ______________________________

El mejor momento del día:

____

Buenos propósitos para mañana:

____

____

Algo que me enorgullece de mí misma:

____

Frase del día:

____

____

Una lección que he aprendido hoy:

____

5 MINUTOS DE GRATITUD AL DÍA

FECHA: ____ / ____ / ____ L M X J V S D

Hoy me siento:

Cosas por las que hoy estoy agradecida:

1. ______________________________
2. ______________________________
3. ______________________________

El mejor momento del día:

____

Buenos propósitos para mañana:

____

____

Algo que me enorgullece de mí misma:

____

Frase del día:

____

____

Una lección que he aprendido hoy:

____

Self-love challenge de 30 días

Un *self-love challenge* de 30 días es una oportunidad para dedicar un mes entero a ti misma, a tu bienestar y al fomento del amor y de la aceptación de una misma.

La tabla que encontrarás en la página siguiente promueve 30 actividades diferentes entre las que poder elegir.

Puedes personalizar el *challenge* en función de las actividades y las prácticas que te hacen sentir bien. La lista que ofrezco solo es un punto de partida. Lo importante es que encuentres actividades que se adapten a ti y contribuyan a tu bienestar.

1) **Establece un plan diario:** organiza las actividades de manera que dediques tiempo a una diferente cada día. Ten en cuenta que para algunas se necesita poco tiempo, mientras que otras requieren una mayor dedicación.

2) **Sé flexible:** si un día no te sientes inspirada para hacer una determinada actividad, sustitúyela por otra que te haga sentir bien.

3) **Lleva un registro:** mantén un diario o un registro de tus actividades diarias, anotando cómo te sientes antes y después de cada actividad.

4) **Haz participar a los demás (opcional):** si lo deseas, haz participar a amigos o familiares en el reto para tener apoyo.

Self-love challenge de 30 días

Lee un libro durante 15 minutos	Adopta un nuevo buen hábito	Haz un pícnic con los amigos
Practica yoga durante 30 minutos	Medita durante 10 minutos y concéntrate en tu respiración	Sal a dar un paseo relajante en medio de la naturaleza y disfruta de la soledad
Ponte un objetivo a corto plazo	Reordena tu habitación	Ayuda a una persona a hacer algo
Elogia a alguien a quien aprecies	Define las cosas que te generan estrés y escríbelas en una hoja	Escucha un pódcast que te inspire positivamente
Pasa tiempo con alguien que te haga estar bien	Sal a tomar un café con una amiga	Pasa un día lejos de las redes sociales
Lleva a cabo una actividad que te guste y te relaje	Mira una película que te haga sentir bien	Haz un poco de ejercicio físico
Pasa un día sin consumir alimentos de origen animal	Aprende algo sobre un tema que te interese	Concéntrate en tus cualidades y escríbelas en una hoja
Tómate un baño caliente con sales y relájate	Levántate pronto y ve a ver el amanecer	Prepara tu plato favorito
Prueba una nueva actividad que siempre soñaste hacer	Pasa algo de tiempo con tus padres	Crea una *playlist* que te haga sentir bien y te motive
Celebra un éxito tuyo	Recuerda los momentos bonitos del pasado y revívelos mentalmente	Organiza una noche tranquila entre amigas

Self-love challenge **de 30 días**

(Personaliza el reto con las actividades que prefieras)

Cuestionario final sobre la autoestima

Ya hemos llegado al cuestionario final sobre la autoestima para ver, respecto al que rellenaste al principio, las diferencias después del camino que has recorrido.

Recuerda que no hay ningún «resultado ideal» específico. Lo importante es que seas capaz de notar cambios positivos en la relación contigo misma y en tu nivel de autoestima.

Si has trabajado duro para mejorar tu autoestima, es probable que tus respuestas reflejen una mayor aceptación de ti misma, una mayor confianza en tus capacidades y más amabilidad hacia ti.

¡Buena suerte, y sigue invirtiendo en tu autoestima y en tu bienestar emocional!

Después de cada afirmación, dibuja un círculo alrededor del número que mejor se adapta a ti:

0 - NUNCA
1 - RARAS VECES
2 - A VECES
3 - CON FRECUENCIA
4 - A MENUDO
5 - SIEMPRE

Me considero una persona merecedora de amor y felicidad.

0 1 2 3 4 5

Pienso que mis exigencias y mis deseos son tan importantes como los de los demás.

0 1 2 3 4 5

Puedo enumerar fácilmente cinco cosas que me gustan de mí misma.

0 1 2 3 4 5

No me hablo de manera negativa.

0 1 2 3 4 5

Me gusta arriesgarme y salir de mi zona de confort.

0 1 2 3 4 5

Dedico tiempo al ejercicio físico y al cuidado de mi cuerpo.

0 1 2 3 4 5

Sigo una alimentación sana que me ayude a estar en forma.

0 1 2 3 4 5

Me gusta conocer personas nuevas y probar cosas nuevas.

0 1 2 3 4 5

Si alguien no está de acuerdo conmigo me lo tomo de manera madura.

0 1 2 3 4 5

Me sentiría cómoda yendo sola al cine o a comer en un restaurante.

0 1 2 3 4 5

Me acepto como soy, incluyendo mis imperfecciones.

0 1 2 3 4 5

Me hablo con amabilidad, evitando autocríticas destructivas.

0 1 2 3 4 5

Acepto sin problemas los cumplidos que me hacen y los siento míos.

0 1 2 3 4 5

Tengo una buena opinión de mí misma y de mis capacidades.

0 1 2 3 4 5

Perdonarme por mis errores pasados es para mí un proceso natural.

0 1 2 3 4 5

Estoy orgullosa de lo que he logrado y de los progresos que he hecho en la vida.

0 1 2 3 4 5

Estoy satisfecha con mi vida sentimental.

0 1 2 3 4 5

Acepto con mucho gusto los consejos de las personas a quienes conozco.

0 1 2 3 4 5

Soy capaz de decir «no» cuando es necesario para respetar mi tiempo y mi energía.

0 1 2 3 4 5

Me siento cómoda cuando muestro mi verdadera personalidad a los demás.

0 1 2 3 4 5

Me alegro por el éxito y la felicidad de los demás sin sentir envidia.

0 1 2 3 4 5

Tengo una buena relación con los miembros de mi familia y me abro a ellos.

0 1 2 3 4 5

Soy consciente de las relaciones tóxicas que hay en mi vida.

0 1 2 3 4 5

Me doy cuenta de los efectos negativos de las relaciones tóxicas sobre mi autoestima.

0 1 2 3 4 5

Entiendo que las relaciones tóxicas no reflejan mi valía personal.

0 1 2 3 4 5

Tengo el valor de cortar con las relaciones tóxicas cuando es necesario.

0 1 2 3 4 5

Me siento capaz de construir relaciones más sanas tras haber cortado con las tóxicas.

0 1 2 3 4 5

Busco ayuda o apoyo cuando tengo dificultades para manejar relaciones tóxicas.

0 1 2 3 4 5

Me concentro en mi crecimiento personal tras haber cortado con las relaciones tóxicas.

0 1 2 3 4 5

No necesito tener una relación sentimental para sentirme completa.

0 1 2 3 4 5

Puntuación

Solo debes sumar los puntos de cada respuesta para descubrir cuál es tu nivel de autoestima.

120-150 = Has alcanzado un maravilloso sentido del amor por ti misma. Sigue creciendo y queriéndote.

90-119 = Vas por buen camino. Sigue encontrando tiempo para recordarte que eres especial e importante.

60-89 = Hay momentos en los que te sientes una persona digna y otros en los que te cuesta más trabajo. Sigue esforzándote en creer en ti misma.

30-59 = Te cuesta trabajo sentirte digna y amada. Estás en el lugar idóneo para aprender a quererte.

0-29 = Es hora de construir una nueva base para desarrollar el amor por ti misma. Sigue leyendo: te lo mereces.

Puntuación obtenida: ______________________

GRACIAS

Quiero darte las gracias por haber decidido dedicar tiempo a tu salud mental a través de este diario introspectivo. El camino que has emprendido es muy importante y muestra tu valentía al poner en tela de juicio tus hábitos, emociones y pensamientos.

Espero que este diario te haya brindado la oportunidad de explorar tu maravilloso mundo interior, para volverte más consciente de ti misma y de tus necesidades.

Recuerda siempre que el camino de crecimiento personal es un viaje continuo y que, aunque la vida te ponga frente a desafíos difíciles, eres más fuerte de lo que crees y tienes todo el potencial para superarlos.

Te deseo lo mejor para el futuro. Espero que sigas cuidándote, para poder cumplir tus sueños y vivir una vida serena, llena de felicidad y satisfacción, rodeada de las personas a quienes quieres y que te quieren.